DE

L'IMMIGRATION INDIENNE

AUX ANTILLES FRANÇAISES,

Sous l'empire des Traités passés entre ces colonies et la Compagnie générale maritime,

Les 6 décembre 1855 et 22 juin 1858.

RÉPONSE

A L'ARTICLE DU 3 SEPTEMBRE, DU JOURNAL LA *France d'Outre-Mer.*

PARIS,

IMPRIMERIE ADMINISTRATIVE ET DES CHEMINS DE FER DE PAUL DUPONT,

Rue de Grenelle-Saint-Honoré, 45, hôtel des Fermes.

1859

DE

L'IMMIGRATION INDIENNE

AUX ANTILLES FRANÇAISES,

Sous l'empire des Traités passés entre ces colonies et la Compagnie générale maritime,

Les 6 décembre 1855 et 22 juin 1858.

———

RÉPONSE

A L'ARTICLE DU 3 SEPTEMBRE DU JOURNAL LA *France d'Outre-Mer*.

———

A l'occasion d'un arrêté pris le **17** juin dernier, par **M.** le Gouverneur de Pondichéry, autorisant, dans l'absence des navires de la Compagnie générale maritime chargée des transports pour les Antilles, l'ouverture d'expéditions intermédiaires pour la Réunion, un journal de la Martinique, *la France d'Outre-Mer*, a cru devoir s'élever violemment contre cette Compagnie. Non content de s'attaquer au fait accidentel qui lui était révélé, **M.** le Rédacteur en chef s'est livré, dans son numéro du 3 septembre dernier, à des considérations rétrospectives sur le mandat donné par les Antilles à la Compagnie générale maritime, et sur la manière dont il avait été accompli : considérations où la passion éclate sans doute, et l'imagination respire; — mais où la convenance, la vérité et la justice sont à plaisir et manifestement violées.

Bien que les conditions fondamentales du traité intervenu entre les Antilles et la Compagnie générale maritime, aient été plus d'une fois exposées, — des attaques comme celles qui viennent de se produire, dénaturant et contestant les principes, — peuvent, à un moment donné, troubler la conscience des habitants des Colonies, et alarmer leur sécurité et leurs convictions.

Il convient donc, de nouveau, de prendre la question à sa source, d'établir les obligations spéciales que la Compagnie générale maritime a souscrites envers les Colonies et la nature réelle du mandat qu'elle a accepté; de prouver que ces obligations ont été remplies et ce mandat exécuté depuis l'origine, sans lacunes et sans restrictions; qu'au 17 juin dernier même, — alors que M. le Gouverneur de Pondichéry lançait son arrêté, prétexte de l'agression, — elle ne manquait, — ainsi qu'il a été bientôt officiellement reconnu, à aucun de ses engagements.

Il convient, à la suite, de combattre les théories rétrogrades dont M. le Rédacteur de *la France d'Outre-Mer* se fait l'organe, et de démontrer aux Colonies, par d'irrécusables exemples que la concession exclusive, improprement appelée monopole, est, dans les questions de transports d'émigrants, un principe préservateur, en dehors duquel il n'y a que trouble, incertitude et sacrifices indéfinis.

§

Bases du contrat passé entre la Compagnie générale maritime et les Antilles. — Répartition des contingents dévolue au Gouverneur de Pondichéry. — Phases diverses de l'immigration indienne en 1856-1857-1858.

C'est le 26 décembre 1855 que la Compagnie générale maritime a signé avec M. le Ministre de la marine et des colonies, pour compte des Antilles, un traité par lequel elle s'engageait à introduire à la Martinique et à la Guadeloupe un certain nombre d'Indiens dans des délais déterminés.

Borné au transport maritime et à l'introduction des émigrants, le rôle qui était assigné à la Compagnie ne s'étendait pas au recrutement à Pondichéry, et n'embrassait pas les démarches spéciales destinées à développer chez les coolies de l'Inde les idées d'expatriation et de translation dans nos Colonies.

Cette mission de recruteur appartenait déjà officiellement (dès le 26 avril 1855) à une Société de négociants de Pondichéry, qui avait pris le titre de Société d'émigration, et à qui, seule, incombait le droit et revenait le soin de fomenter le plus largement possible les enrôlements.

De plus, sur le produit du recrutement, deux tiers seulement étaient le partage des Antilles; un tiers était réservé à la Réunion.

Enfin, — ces produits généraux, mis par la Société d'émigration à la disposition de **M.** le Gouverneur de Pondichéry, devaient être par celui-ci distribués à son gré et dirigés à la Réunion ou aux Antilles, dans l'ordre et aux époques qu'il jugeait le plus convenables.

En exposant ces conditions premières de la question, — en signalant le cercle restreint dans lequel la Compagnie avait à se mouvoir, — bien des choses s'expliquent d'elles-mêmes et une première clarté se fait — devant laquelle les récriminations passionnées auxquelles ont eu recours ses détracteurs nous paraissent bien près de s'évanouir.

En effet, le rôle de la Compagnie était un simple rôle de transporteur; son obligation unique était de tenir à Pondichéry, à certains moments déterminés, tous les navires que pouvaient réclamer l'importance des recrutements affectés aux Antilles.

Si, plus tard, et dans l'intérêt de ces recrutements, elle a indiqué quelques moyens pratiques qui ont été accueillis et ont produit les résultats espérés, il n'en est pas moins vrai que sa mission de simple transporteur était bien nette et bien définie, et que c'est seulement au point de vue de cette mission qu'on a le droit de lui demander des comptes et de contrôler ses actes.

Or, — ces comptes sont faciles à rendre; ces actes vont parler d'eux-mêmes.

Ayant foi, comme les Antilles, dans les progrès d'une émigration à laquelle la Société de Pondichéry s'était consciencieusement vouée; ayant foi dans un recrutement important et régulier, la Compagnie générale maritime, investie le 26 décembre 1855, se hâta d'expédier en 1856, sur les lieux de chargement, onze navires spéciaux coûteusement emménagés, — destinés à recevoir les deux tiers du recrutement revenant aux Antilles, et capables de transporter les 5,000 émigrants, minimum auquel on évaluait alors ces deux tiers.

Mais les résultats du recrutement de 1856 répondirent peu aux espérances conçues; l'émigration, paralysée par des causes accidentelles, ne fournit que des contingents peu nombreux. D'autre part, des malentendus administratifs ayant fait diriger sur la Réunion une portion des convois qui revenaient aux Antilles, le chiffre des émigrants délivrés à celles-ci se réduisit à 2,103, et une perte considérable résulta naturellement pour la Compagnie du déplacement inutile de ses navires et de leur longue station sur les rades de l'Inde.

2

Six seulement chargèrent dans l'année, cinq autres durent, après une longue attente, quitter Pondichéry et chercher fortune ailleurs.

En 1857, par suite des mêmes difficultés de recrutement, par suite encore de la même incertitude dans la répartition des contingents, des pertes nouvelles atteignirent la Compagnie maritime, et quatre navires sur huit, expédiés à Pondichéry, manquèrent leur destination.

Après ce simple exposé des faits, peut-on dire que dans les deux années 1856 et 1857, la Compagnie ait failli à ses engagements?

La déception qu'ont éprouvée les Antilles n'a-t-elle pas été dépassée par celle qu'elle a personnellement subie? Son intérêt n'était-il pas lié au plus grand développement possible de l'immigration aux Antilles, et si cette immigration a été insuffisante, en est-elle à quelque degré responsable?

Une lettre de M. le Ministre de la marine au Gouverneur de Pondichéry, en date du 22 juin 1857, dont nous reproduisons ici un extrait, répondra péremptoirement sur le sujet. Cette lettre signalant les réclamations réitérées de la Compagnie générale maritime, au sujet de l'adoption d'un mode de répartition plus pratique et plus régulier, entre la Réunion et les Antilles, établira encore le zèle avec lequel ses Directeurs cherchaient à prévaloir sur des intérêts contraires, et à inaugurer une ère nouvelle, où les droits des Antilles et de la Réunion fussent mieux définis et plus justement équilibrés.

Paris, 11 juin 1857.

MONSIEUR LE GOUVERNEUR,

J'ai reçu de M. le Directeur de la Compagnie générale maritime une lettre dont je vous envoie ci-joint copie, et par laquelle il insiste pour que le mode de répartition des émigrants coolies entre la Réunion et les Antilles soit définitivement fixé. M. Bordes expose qu'ignorant complétement le nombre d'Indiens qui doit être réservé aux Antilles, il est obligé d'expédier de France ses navires à l'aventure, d'où il résulte généralement pour eux, dans l'Inde, des retards extrêmement préjudiciables aux intérêts de la Compagnie. Je joins ici copie de la réponse que j'ai adressée à M. Bordes.

Ainsi que vous le verrez, je me suis surtout attaché, dans ma lettre à ce négociant, à faire ressortir les difficultés que présente la réglementation qu'il sollicite; il me semble cependant qu'il y a quelque chose à faire sous ce rapport, et je crois devoir appeler sur cette question votre attention particulière au cas où vous ne lui auriez pas encore donné de solution.

Il y a une véritable urgence, en effet, à prendre des mesures pour que les armateurs de la Réunion d'une part, et la Compagnie maritime d'autre part, soient, autant que possible, informés à l'avance des dispositions arrêtées par la Société d'émigration de Pondichéry quant à la répartition des Indiens, et qu'on ne les mette plus dans le cas d'expédier au hasard des bâtiments qui, ne trouvant pas d'Indiens à embarquer, sont exposés, comme on l'a déjà vu, à séjourner huit ou dix mois sur la rade de Pondichéry. De pareils retards sont ruineux pour les armateurs, deviennent la source d'incessantes réclamations, et finiraient certainement par rendre impossible l'exécution du traité conclu, pour le compte des Antilles, avec la Compagnie maritime. Je vous engage donc à examiner sérieusement, en vous concertant au besoin avec M. le Gouverneur de la Réunion, les moyens de remédier à ces inconvénients.

La bonne foi de la Compagnie, la sévère exactitude avec laquelle elle a adressé ses navires dans l'Inde, en 1856 et 1857, au risque de les faire stationner indéfiniment sur les rades, nous semblent suffisamment prouvées par l'extrait ci-dessus.

Le 27 octobre 1857, une nouvelle lettre de M. le Ministre, dont ci-joint copie, venait enfin apporter remède à une situation de plus en plus compliquée, et tout en faisant justice des préférences qui avaient été accordées, en 1855, 1856 et 1857 à la Réunion au détriment des Antilles, fixait les bases d'une réglementation destinée à prévenir tout malentendu ultérieur et à donner à chacune des Colonies de l'Inde ou de l'Ouest, la juste part qui lui revenait.

Paris, le 27 octobre 1857.

Monsieur le Directeur de la Compagnie générale maritime.

MONSIEUR,

Par suite à ma lettre du 3 de ce mois, j'ai l'honneur de vous informer que je viens de transmettre l'ordre à M. le Gouverneur des établissements français dans l'Inde, de réserver, après l'expédition de l'*Indien* et du *Sigisbert-Cezard* pour les Antilles, et de la *Marie-Angélique,* comme de l'*Amélie,* pour la

Réunion, tous les produits du recrutement pour les Antilles, jusqu'à concur-rence d'un chiffre de 3,973 coolies qui représente l'arriéré dû à ces colonies sur les exercices 1855, 1856 et 1857, ainsi que le contingent auquel elles ont droit sur le produit présumé du recrutement en 1858. Le recrutement n'étant pas supposé devoir dépasser, l'année prochaine, ce chiffre de 3,900 coolies, il s'ensuit que le tour de priorité qui va être accordé à vos bâtiments devra probablement se prolonger jusqu'au 1er janvier 1859, et que les expéditions pour la Réunion seront suspendues pendant tout le cours de l'année pro-chaine. Vous aurez à régler en conséquence l'envoi dans l'Inde de vos bâ-timents.

Quant aux produits du recrutement en 1859, sauf l'imprévu, ils seront par-tagés entre la Réunion et les Antilles, conformément à la décision du 9 mai 1856, c'est-à-dire un tiers pour la Réunion, deux tiers pour les Antilles.

Afin d'éviter pour cette époque les longs retards que vos navires, comme ceux de la Réunion, ont éprouvés dernièrement sur les rades de l'Inde, il im-porte de déterminer à l'avance la manière dont les expéditions de coolies au-ront lieu tant pour les Antilles que pour la Réunion.

M. le Gouverneur Durand D'Ubraye a proposé, dans ce but, de décider que vos navires seront exclusivement admis à prendre charge du 15 juillet au 15 mars de chaque année, tandis que les envois pour la Réunion se feront du 15 mars au 15 juillet. Cette réglementation, qui permettrait aux navires des Antilles et à ceux de la Réunion d'effectuer la traversée pendant la saison qui leur serait la plus favorable, me paraîtrait pouvoir être adoptée. Je désire, ce-pendant, avant de prendre une décision à ce sujet, connaître l'opinion des di-verses parties intéressées. J'ai déjà demandé l'avis de M. le Gouverneur de la Réunion; je vous prie, de votre côté, de me faire savoir si vous adhérez à la réglementation proposée.

La Compagnie générale maritime s'empressa, comme il paraîtra naturel, d'envoyer à M. le Ministre l'adhésion qu'il lui demandait.

La division par mois de l'année était la division la plus simple et la plus pratique.

En attribuant à la Réunion la période comprise entre le 15 mars et le 15 juillet, on évitait pour les navires chargés d'émigrants en desti-nation des Antilles, le passage du cap de Bonne-Espérance dans une période critique où la mortalité a toujours sévi plus rudement sur les convois.

En outre, toute réparation était faite aux Antilles, pour les dommages qui avaient pu leur être causés dans le passé. L'année 1858 tout entière leur était spécialement affectée et le produit de cette année complété, évalué à 4,000 émigrants, devait solder intégralement leur arriéré.

Par ailleurs, la Compagnie générale maritime, qui, elle aussi, avait gravement souffert des incertitudes administratives de 1856 et 1857 et de l'irrégularité avec laquelle les convois avaient été mis à la disposition de ses navires, la Compagnie maritime demandait aux conseils généraux des Colonies, comme compensation légitime, une augmentation de prime de 65 fr. Mais elle demandait en même temps que la part destinée à l'émigrant indien et au Mestry recruteur fût sensiblement augmentée et que l'émigration pour les Antilles reçut ainsi un stimulant nouveau.

Or, l'équité et le bon sens des Antilles répondirent, et l'encouragement demandé par la Compagnie en faveur de l'émigrant et du Mestry produisit promptement son effet. Le chiffre du recrutement de 1858 marqua une amélioration sensible sur celui des années précédentes, et l'émigration entra dans une voie régulière qu'il ne s'agissait plus que de parcourir.

Expédiés d'abord en prévision du chiffre de 4,000 émigrants que le ministère de la marine avait assigné, les navires de la Compagnie maritime manquèrent-ils aux contingents de 1858? Les états d'expéditions font foi qu'en 1858, 5,000 émigrants furent embarqués sur les navires de la Compagnie, au lieu des 4,000 annoncés. La manière heureuse et rapide dont ces convois se succédèrent aux Antilles provoquèrent même, de la part des habitants, des manifestations sympathiques en faveur de la Compagnie, et si nous exhumions quelques feuilles déjà oubliées de la collection de la *France d'Outre-Mer* nous pourrions voir qu'elle s'associait alors à ces témoignages.

Comme, en 1856 et en 1857, la Compagnie maritime n'a donc pas, en 1858, failli à ses devoirs et à son rôle. S'il en était besoin, les archives du ministère des colonies pourraient attester qu'en dehors de ce rôle, elle cherchait encore à intervenir officieusement, dans cette grande et vitale question d'immigration, à signaler des voies nouvelles, à seconder de son mieux la sollicitude et les projets du ministère à l'égard des Colonies.

L'ouverture d'un centre de recrutement à Yanaon, qui aurait doublé la proportion actuelle de l'émigration indienne, fut sollicité ardemment par elle, et les premiers essais pratiques d'immigration chinoise, objet de ses longues préoccupations, sont dus à son initiative.

Sans chercher à s'attribuer des mérites excessifs, la Compagnie géné-

3

rale maritime peut dire que dans les affaires d'émigration, son dévouement a été absolu et son concours a pu n'être pas inutile ; elle peut dire que
la gratitude des Colonies, et non pas leur colère, devait être la récom-
pense de ses efforts. Mais, passons à l'incident de l'arrêté de M. le Gouverneur de Pondichéry, du 17 juin 1859, et voyons si, dans cette occasion exceptionnelle, la Compagnie générale maritime aurait tout à coup
dévié de sa voie et démenti ses précédents.

§

Le mode de répartition des émigrants indiens entre la Réunion et les
Antilles avait été formulé, dès le 27 octobre 1857, par M. le Ministre de
la marine et des colonies, et communiqué immédiatement à MM. les
Gouverneurs de la Réunion et de Pondichéry.

Nous avons dit que la Compagnie maritime y avait spontanément
adhéré, et M. le Gouverneur de Pondichéry en arrêtant après le départ de la *Ville-d'Agen*, tout recrutement pour les Antilles et déclarant
ouvertes les expéditions de la Réunion, avait suffisamment témoigné que
les ordres ministériels étaient compris, et en voie d'application définitive.

L'extrait suivant de la lettre de M. le Ministre des colonies, en date
du 4 mars 1859, adressée à M. le Gouverneur de Pondichéry, démontre
par surabondance que tout le monde devait être d'accord sur la question,
et qu'il appartenait aux mandataires de la Réunion seulement d'opérer
du 15 mars au 15 juillet 1859, et d'envoyer, en temps, les navires destinés à recruter les contingents.

Paris, 4 mars 1859.

MONSIEUR LE GOUVERNEUR,

D'après la situation établie par votre lettre du 15 janvier dernier, les Antilles avaient reçu, à la date du 1er novembre 1858, le contingent de 4,000 émigrants qui devait leur être livré dans le courant de ladite année. A partir de
cette époque jusqu'au mois de janvier 1859, vous calculez que le recrutement
aura été de 1,611 coolies, dont les deux tiers, soit 1,108 seraient expédiés aux
Antilles par les navires *Suger*, *Paul-Adrien* et *Junon*, le dernier tiers, soit 503,
ayant été envoyé en même temps à la Réunion par le navire la *Ville-de-Toulouse*. Cette répartition est sagement réglée; il en résulte évidemment que

l'envoi fait à la Réunion par la *Ville-de-Toulouse* ne devra pas être déduit du contingent revenant à cette colonie en 1859, et que la Réunion devra jouir, au contraire, de la totalité des produits du recrutement pendant les quatre mois qui lui ont été réservés (du 15 mars au 15 juillet). J'aime à croire que M. le baron Darricau se sera entendu avec vous, en temps opportun, pour l'envoi des navires destinés à enlever ce contingent.

Toutefois, et malgré les instructions formelles du ministère, malgré l'attribution complète, qui était faite à la Réunion, de tous les contingents recrutés du 15 mars au 15 juillet 1859, l'absence, en nombre suffisant, des navires de MM. O'Toole et L. Douville, transporteurs spéciaux de la Réunion d'une part, et d'autre part toute raison auxiliaire qui est restée pour nous inconnue, vinrent jeter la perturbation dans l'ordre des choses établi et donner lieu à l'incident qui nous occupe aujourd'hui .

Le navire la *Ville-d'Agen*, porteur du onzième convoi expédié pour les Antilles—à partir du 1er janvier 1858—quittait la rade de Pondichéry le 16 mars 1859, et dès le 12 mai, M. le Gouverneur s'adressait aux agents de la Compagnie générale maritime, leur demandant un navire pour les Antilles.

A la veille de prendre la mer, le trois-mâts le *Jeune-Albert*, appartenant à la Compagnie, se trouvait fortuitement sur rade ; ce navire, pour utiliser la période comprise entre le 15 mars et le 15 juillet, venait de prendre un chargement de riz et de gram à destination de la Réunion, et s'apprêtait à opérer un voyage intermédiaire, de façon à être de retour à Pondichéry en août ; le *Siam*, autre navire de la Compagnie, qu'on savait déjà rendu à la Réunion, devant faire le premier départ des Antilles, 15 juillet.

Tel était l'état des choses, conforme aux dispositions arrêtées par la Compagnie maritime et par ses agents, et nous demandons si en vue des ordres précis du ministère des colonies et en vue de l'inaction imposée à la Compagnie pendant une période de quatre mois, il y avait lieu de prévoir autre chose et de s'organiser autrement.

Cependant, malgré ces dispositions prises et bien que le *Jeune Albert*, lourdement chargé de riz et de gram, eut à se débarrasser de sa cargaison et à la revendre sur place à perte, les agents de la Compagnie générale maritime n'hésitèrent pas un instant. Devant le devoir

inattendu qui leur était montré, ils se hâtèrent de se mettre en mesure;
le *Jeune-Albert* fut déchargé, emménagé à nouveau, et bientôt expédié
vers les Antilles.

Mais, le 5 juin, le recrutement des engagés du *Jeune-Albert* étant
complété, M. le Gouverneur s'adressa derechef à MM. Gravier et
Poulain frère, demandant qu'un navire de la Compagnie fût mis à la
disposition des nouveaux contingents.

Or, le *Siam* n'avait pas encore abordé : les agents de la Compagnie
maritime ne purent pour le moment obtempérer au désir du Gouverneur. Ils attendaient le *Siam* incessamment et comptaient sur ce
navire pour reprendre les départs.

Ils comprenaient de plus que M. le Gouverneur était dans une fausse
voie, que les droits de la Réunion seraient, un jour prochain, réclamés,
et que l'abandon momentané qu'ils faisaient du recrutement des Antilles
n'était qu'une réserve sans gravité et sans effet définitivement préju-
diciable aux intérêts qu'ils représentaient,

Ils se récusèrent pendant 15 jours.

Quinze jours de lacune, voilà ce que les Colonies de l'Ouest auraient
à reprocher aux agents de la Compagnie maritime, si les raisons
formelles de cette lacune n'avaient pas été expliquées par le règlement
du 27 octobre 1857, si cette lacune s'était faite dans une autre période,
que celle de mars à juillet !

Produisons maintenant des pièces nouvelles, et examinons si les
prévisions des agents de la Compagnie à Pondichéry, relativement aux
réclamations postérieures de la Réunion, ne devaient pas être justifiées.
Voyons si M. le Gouverneur de Pondichéry qui, le 17 juin, rejetait sur
la Compagnie maritime la responsabilité de l'interruption du service des
Antilles et déclarait en même temps que la Réunion avait déjà reçu, à
quelques coolies près, son contingent 1859; voyons si M. le gouverneur ne se déjuge pas lui-même et n'arrive pas à conclure que la
Réunion avait des droits de revendication irrécusables et devait reprendre, durant la période réservée aux Antilles, ce que celles-ci venaient
de prélever en trop dans la période qui ne leur appartenait pas.

M. le Gouverneur de Pondichéry, dans son récent arrêté du 18 août,
s'exprime sur la question, en ces termes :

ARRÊTÉ

Qui donne un chargement de coolies au navire la FOI, pour la Réunion.

Pondichéry, le 18 août 1859.

ÉTABLISSEMENTS FRANÇAIS DANS L'INDE.

Nous, Commissaire général de la marine, Gouverneur des établissements français dans l'Inde ;

Vu l'article 48 de l'ordonnance organique du 23 juillet 1840 ;

Vu l'article 7 du décret-loi du 27 mars 1852, disant que l'émigration des pays hors d'Europe n'aura lieu qu'après avoir été autorisée par le Ministre des colonies ;

Vu la dépêche du Ministre de l'Algérie et des colonies du 9 septembre 1858, portant que les produits du recrutement des émigrants indiens seront désormais partagés entre les Antilles et la Réunion à raison de deux tiers pour les Antilles et un tiers pour la Réunion, et faisant connaître, en outre, que tous pouvoirs ont été donnés au Gouverneur de la dernière de ces colonies pour déterminer les conditions sous lesquelles auront lieu les envois de coolies dirigés de l'Inde sur la Réunion ;

Vu l'article 5 de l'acte arrêté par la Société d'émigration, le 7 juin 1857, et approuvé par l'Administration, article dans lequel il est positivement exprimé que la destination des coolies appartient à l'Administration ;

Vu la lettre du 7 février 1859, par laquelle le Gouverneur de la Réunion nous prévient, ainsi que le public en a déjà été informé par un avis officiel inséré dans le *Moniteur* du 1er avril dernier, que MM. O'Toole et Douville ont été déclarés adjudicataires du transport des coolies destinés à la Réunion ;

Vu la dépêche du 18 avril 1859, par laquelle le Ministre de l'Algérie et des colonies nous annonce que c'est pour le contingent de 1859 que l'Administration de la Réunion a traité ;

Vu, en outre, le marché passé pour ce transport par la colonie de la Réunion, sous la date du 17 janvier 1859, marché arrivé ce jour dans la colonie, et communiqué ce jour par la maison Amalric et Compagnie, et qui prouve que MM. O'Toole et Douville ont obtenu l'introduction à la Réunion et la cession de tous les engagés indiens appartenant au contingent de 1859 ;

Vu enfin la lettre du 17 août par laquelle la maison Amalric et Compagnie demande à l'ordonnateur, au nom de MM. O'Toole et Douville, que le complément de coolies dus à la Réunion sur le contingent de 1859 soit attribué au navire la *Foi* qui vient d'arriver à Pondichéry;

Considérant que les cinq navires qui ont reçu des coolies à Pondichéry et à Karikal, comme appartenant au contingent de 1859, pour les conduire à la Réunion, n'ont emporté ensemble que 1,407 engagés.

Considérant que le recrutement a pris, en 1859, et depuis le 1er mai surtout, des proportions considérables, et que l'on peut dès aujourd'hui prévoir que le tiers du nombre total des coolies recrutés dans l'année s'élèvera au moins au chiffre de 1,800;

Considérant que le Ministre de l'Algérie et des colonies nous a spécialement chargé, par sa dépêche susvisée du 9 septembre 1858, de veiller à ce que les intérêts d'une colonie ne soient jamais lésés au profit des autres;

Considérant, en dernier lieu, que nul moment ne paraît mieux choisi pour donner à la Réunion un nouvel à-compte sur son contingent de coolies, que celui où la Compagnie générale maritime n'a aucun bâtiment sur rade pour prendre les émigrants destinés aux Antilles (1);

Sur le rapport et la proposition de l'ordonnateur;

Le Conseil d'administration entendu,

Avons arrêté et arrêtons ce qui suit :

Art. 1er. Un chargement de coolies sera immédiatement donné au navire la *Foi*, de 255 tonneaux, pour le compte de MM. O'Toole et Douville, et conformément au traité que l'Administration de la Réunion a passé avec ces négociants sous la date du 17 janvier 1859.

2. Le recrutement qui se fait en ce moment pour la *Junon* et pour le compte des Antilles devra immédiatement cesser. Il reprendra aussitôt que le navire la *Foi* aura reçu son chargement d'émigrants.

3. L'ordonnateur est chargé de l'exécution du présent arrêté, qui sera enregistré partout où besoin sera.

Donné, en l'hôtel du Gouvernement, à Pondichéry, le 18 août 1859.

Signé D'UBRAYE.

Par le Gouverneur :

L'Ordonnateur,

Signé A. MORAS.

(1) On remarquera que M. le Gouverneur de Pondichéry signale encore la non-présence des navires de la Compagnie maritime sur rade, mais nous ferons observer que le recrutement de la *Junon* n'était que commencé, et qu'avant la clôture de ce recrutement, ou le *Réaumur*, ou un navire à fret, eussent été à même de le recevoir.

Les citations qui précèdent nous semblent plus que suffisantes pour mettre fin au débat. Nous pourrions y joindre copie d'une lettre en date du 2 août où M. le Ministre des colonies reconnaît implicitement que ce n'est pas sur nous que retombe la responsabilité de l'incident du 17 juin, et que nos actes sont en tout irréprochables (1).

Mais nous pensons que la cause est instruite, et rassurées sur le passé, nous pensons que les Colonies, en apprenant les faits qui ont suivi, achèveront de se rassurer sur leur avenir.

Le rapprochement de ces faits et de la date de l'article de *la France d'Outre-Mer* sera peut-être aussi d'une lumière utile, et fera pleine justice de M. le Rédacteur.

C'était le 3 septembre que M. le Rédacteur de *la France d'Outre-Mer* lançait son fulminant article.

Or, pendant qu'il poussait le cri d'alarme, pendant qu'il dénonçait l'impuissance radicale de la Compagnie générale maritime et la ruine imminente de l'immigration indienne, entonnant le *Requiescat in pace* sur celle-ci, jetant le linceul sur celle-là, à ce même moment la Compagnie expédiait plus de navires qu'elle ne l'a jamais fait dans un si court intervalle, et l'émigration indienne marchait avec une vivacité inconnue.

Le Jeune-Albert s'expédiait, le 26 juin avec 464 émigrants pour la Guadeloupe (1); *le Siam*, le 2 août, avec 404 pour la Martinique; *l'Espérance*, le 30 août, avec 530 pour la Guadeloupe.

Enfin, et après l'interruption nouvelle décrétée, le 18 août, par M. le Gouverneur de Pondichéry, à l'occasion du navire *la Foi*, et en faveur de la Réunion, les recrutements allaient se rouvrir pour compte des Antilles, et *le Réaumur*, de 555 tonneaux, arrivé à pointe de Galles, le 1er septembre; *la Junon*, de 378 tonneaux, partie de la Martinique le 28 juin, et attendue incessamment; *le Daubenton*, 444 tonneaux, déjà parvenu à Maurice (22 août); *le Richelieu*, 510 tonneaux; *le Suger*, 400 tonneaux, et au besoin *le Turgot*, 514 tonneaux, se préparaient à

---

(1) Par le dernier courrier de la Réunion, la Compagnie maritime vient d'apprendre qu'une épidémie intense de dyssenterie et de varicelle régnant à bord du *Jeune-Albert*, ce navire avait dû débarquer momentanément à terre une partie de son convoi et prendre diverses mesures de salubrité. Le *Siam* avait, par contre, mouillé en rade de la Réunion le 2 septembre sans malades à bord, et seulement pour renouveler son eau et ses vivres frais.

recevoir les contingents de septembre 1859 au 15 mars 1860 et à assurer toutes les éventualités du service.

Ainsi, comme en 1856 et 1857, comme en 1858, la Compagnie maritime a été et sera, cette année, à la hauteur de sa mission. Sujette aux décisions supérieures de l'administration de Pondichéry, elle n'a pas pu empêcher toujours que des complications et des malentendus, dont elle a été la première victime, ne vinssent tromper l'attente des Antilles et leur causer un désappointement momentané ; mais l'équité bien connue de l'administration française est un sûr garant que ces incidents n'ont qu'une portée restreinte, que les droits de chacun sont bientôt reconnus et satisfaits,—et l'exposé de ce qui s'est passé en 1859, durant les quatre mois réservés à la Réunion, témoigne d'ailleurs, que ce n'est point aux Colonies de l'Ouest à se plaindre de la part qui leur reste définitivement échue.

Nous limiterons ici cette revue rétrospective déjà bien longue ; mais nous traiterons avant de conclure la question du soi-disant monopole et privilége, en matière d'immigration, dont la *France d'Outre-Mer* a voulu faire, pour la Compagnie maritime, une question personnelle, et qui nous paraît être, au contraire, une question générale de premier ordre, sur laquelle il est juste que le grand jour se fasse et que l'opinion se prononce.

§

De la concession exclusive en matière d'immigration mise en regard avec le régime de la libre concurrence.

L'idée qui s'attache à l'exercice d'un monopole et d'un privilége quelconque est une idée le plus souvent défavorable, et sans doute, en se servant du mot privilége, à l'occasion du contrat passé entre la Compagnie maritime et les Antilles, la *France d'Outre-Mer* a eu pour but de placer son adversaire sur un terrain difficile, et de soulever contre lui des préjugés plus ou moins établis.

Et d'abord, nous récusons la position particulière que la *France d'Outre-Mer* semble vouloir nous attribuer. Si la Compagnie maritime a, en effet, souscrit pour 3 ans un engagement de transport de tous les contingents recrutés dans l'Inde, à l'intention des Antilles, nous pensons qu'elle n'est pas la seule Compagnie ou maison d'armement concessionnaire de transports semblables, et nous voyons que quand il s'est agi de l'émigration africaine, M. Regis, de Marseille, a été admis comme transporteur unique ; quand il s'est agi de Chinois, la maison Gastel et Malavoix vient tout récemment d'obtenir de la colonie de la Martinique une pareille mission exclusive.

Chaque fois qu'on a voulu faire quelque part de l'immigration sérieuse et à bon marché, nous voyons qu'un mandat spécial, sinon un privilége (le mot privilége s'applique mal à des concessions octroyées après délibération et concurrence publiques) est accordé à une seule maison ou à une seule Compagnie. Nous voyons que l'expérience des temps, après de coûteux sacrifices faits aux idées contraires de recrutement libre et de transport libre, l'expérience des temps prononce, et que le Gouvernement et le particulier reviennent d'un commun accord au système nécessaire de la concession exclusive.

Si la Martinique et la Guadeloupe, plus heureuses que d'autres colonies n'ont pas fait par elles-mêmes l'épreuve du régime de la liberté en matière d'immigration ; si elles ont été assez favorisées pour ne payer jamais les contrats d'Indiens que 400 francs et ceux des Africains que 600 francs, il existe non loin d'elle, à la Havane, il existe aussi dans l'Inde, à la Réunion, des pays où le régime en question a été et est encore appliqué, et ces exemples voisins peuvent leur servir d'enseignement.

En premier lieu, à la Réunion, et à l'occasion des Indiens de Pondichéry, il s'est passé les faits suivants :

Dans le courant de 1855, des offres furent soumises à la Colonie. Il s'agissait de transporter tout son contingent d'émigrants à raison de 290 francs par individu ; mais il s'agissait naturellement, et en raison de ce bas prix, d'accorder un mandat exclusif au transporteur. La Colonie ne voulut pas consacrer ce qu'elle appelait aussi un privilége, elle préféra convoquer tous les navires à ses transports, et laisser chacun charger à ses risques et périls, et introduire au même titre. Or, de cette liberté il est résulté ceci, que les navires ayant accouru trop nombreux à Pondichéry, et les chargements s'étant indéfiniment prolongés, toute liberté ayant été, de plus, laissée aux capitaines pour la fixation du prix des contrats, la Réunion a payé jusqu'à 800 et 1,000 francs pour le coolie indien qu'elle avait refusé à 290 francs ; le coolie qui était à ses portes, et que la Compagnie maritime, introduisait à la même époque aux Antilles

au prix de 385 francs. Ces effets onéreux de la liberté ont parlé assez éloquemment à la Réunion, pour lui faire abandonner le système. Aujourd'hui, comme les Antilles, elle s'est confiée à un transporteur unique, et le prix de cession de ses contrats s'est vu cette année diminué de plus des deux tiers.

L'exemple des recrutements chinois, à destination de la Havane, est plus saisissant encore.

Exécutés en Chine, sous l'empire de la liberté la plus entière, les recrutements pour la Havane ont été immédiatement l'objet d'une vive concurrence. Les navires de tous pavillons ont afflué dans les ports d'expédition à la recherche de ce nouvel élément de fret, et la hausse du prix des contrats ne s'est pas fait attendre. La prime accordée aux courtiers, les frais de toute nature qui se montaient en 1857 à 200 francs pour chaque coolie embarqué, s'élèvent aujourd'hui au départ, fret non compris, à 600 francs environ, et ne s'arrêteront pas en si bon chemin. La Havane qui, dans les premières années de l'immigration chinoise, obtenait des cessions de contrats à 12 et 14 onces, ne les reçoit plus désormais qu'à 18 ou 20.

Mais, ce n'est pas seulement cette hausse excessive et toujours croissante de la valeur des contrats qui résulte naturellement de la liberté et de la concurrence appelées en même temps sur les lieux d'expédition, d'autres conséquences plus graves ont découlé du système. Le zèle des recruteurs, exalté par la difficulté, s'est égaré dans ses moyens, et est parfois descendu aux pratiques les plus odieuses. Sans citer le récent événement de la *Gertrude* et les rumeurs auxquelles il a donné lieu, les journaux de Hong-Kong enregistrent trop fréquemment des faits d'enlèvements de coolies imputés aux courtiers chinois; de véritables actes de piraterie commis sous prétexte d'enrôlement.

Sans doute, tous les agents ou tous les capitaines chargés en Chine des expéditions pour la Havane ne participent pas à ces excès, mais il suffit de réfléchir au régime sous lequel ils opèrent, pour comprendre que, de la concurrence acharnée, du besoin ardent d'arriver au but, doivent dériver fatalement de pareilles conséquences.

En regard de ce système des premiers âges, — le système rationnel et véritablement progressif de la concession exclusive présente un caractère et offre des résultats bien différents. Ici, point de surenchère à redouter dans les cessions ; — un prix connu et borné est assigné à l'importateur ; plus d'abus et de violences à craindre dans les enrôlements ; l'Administration qui a présidé au contrat, préside à son exécution ; et suivi depuis le moment où il s'engage jusqu'au moment où il est livré au colon, l'émigrant est partout l'objet d'une surveillance et d'une protection assidues.

Heureuses, nous le répétons, les Antilles de n'avoir eu jusqu'ici affaire qu'à la concession exclusive! Aveugles ceux qui voudraient la précipiter dans les aventures du recrutement libre et du transport libre! Le premier effet de cette innovation ne serait-il pas de les sevrer de toute immigration? Et si le transporteur devenu libre pouvait débarquer ses convois aussi bien à la Havane qu'il le fait à la Martinique ou à la Guadeloupe, pense-t-on que beaucoup d'émigrants seraient retenus par ces dernières colonies? Suivraient-elles leur rivale espagnole dans les prix de 1,800 ou 2,000 fr. par contrat, que la richesse exceptionnelle de celle-ci lui permet de payer, auxquelles leurs ressources plus restreintes ne sauraient actuellement atteindre?

Ces réflexions suffisent, nous le croyons ; les partisans du recrutement libre recruteront peu d'approbation et peu de prosélytes, — et la Compagnie maritime, qu'on a tenté de discréditer auprès des colons, ne cessera pas de s'appuyer sur leur estime et sur leur sympathie, — en vue desquelles elle a toujours agi, et que son dévouement à leur cause lui a toujours méritées.

www.ingramcontent.com/pod-product-compliance
Lightning Source LLC
Chambersburg PA
CBHW060714280326

41933CB00012B/2437